Anselm Grün

Gestärkt von guten Mächten

Zum Krankenbesuch

Kreuz

Was soll ich dir ans Krankenbett bringen?
Als Gesunder habe ich gut reden.
Ich kann mich wohl in dich hineinfühlen,
aber ich habe deine Schmerzen nicht,
ich stecke nicht in deiner Haut.
Trotzdem will ich dir sagen,
was mir hilft, wenn ich krank bin.
Für mich ist es wichtig, mich zu fragen,
was mir die Krankheit sagen möchte.

Es gibt ein Märchen, in dem ein junger Mann
die Sprache der bellenden Hunde lernt.
Die Hunde sagen ihm,
dass sie nur deshalb so wild sind,
weil sie einen Schatz hüten.
Dort, wo du krank bist, liegt auch dein Schatz.

Die erste Botschaft des Märchens ist,
dass du die Sprache deiner Krankheit verstehen lernst.
Vielleicht verweist dich die Krankheit auf Neues,
was in dir aufbrechen möchte.
Die heilige Hildegard hat ihre Krankheit
immer als eine Chance erfahren,
als eine Art Neugeburt.
Ihr Leiden war für sie immer ein Prozess,
in dem Neues in ihr wurde,
Sie bekam dann den Mut,
genau das zu tun und zu sagen,
was Gott von ihr wollte.
Die Krankheit hat sie authentischer gemacht.
Sie ist jedes Mal anders
von ihrem Krankenlager aufgestanden.
Hildegard ist oft krank gewesen
und dennoch 82 Jahre alt geworden.

Die Krankheit hat deine Pläne durchkreuzt.
Du spürst, dass du nicht alles planen kannst.
Du hast keine Garantie auf lauter gesunde Jahre.
Es ist nicht selbstverständlich,
dass du immer gesund und bei guten Kräften bist.
Die Krankheit zeigt dir,
dass du auf Gottes Hilfe angewiesen bist.
Du bist aber auch dabei in Gottes guter Hand.
Ich wünsche dir,
dass du trotz deiner Krankheit
und gerade in deiner Krankheit
seine Hand als gütig und zärtlich erfährst.
Lass dich von den Menschen pflegen,
genieße ihre Liebe und Zärtlichkeit
und erfahre darin,
dass Gott selbst liebevoll und zärtlich ist zu dir.

Ich kenne deine Schmerzen nicht.
Aber ich weiß,
wie mörderisch Schmerzen sein können,
wie sie einen an die Grenze bringen,
wie unerträglich sie werden können.
Auch wenn Medikamente die Schmerzen dämpfen,
sie lassen sich nicht völlig unterdrücken.
Du fühlst dich kraftlos und müde,
Die Schmerzen kommen immer wieder.
Wie damit umgehen?
Mir hilft es, sie anzunehmen,
meine Ohnmacht ihnen gegenüber zu akzeptieren,
aber darin zugleich die Gemeinschaft
mit Jesus Christus zu erfahren.
Dann verlieren die Schmerzen ihre Sinnlosigkeit.
Ich bin nicht allein mit ihnen.
Ich erfahre darin die Nähe Christi,
der meine Schmerzen verwandelt.

Alte Leute sagten mir oft,
sie würden ihre Krankheit
für ihre Kinder „aufopfern".
Ich würde nicht von „aufopfern" sprechen,
aber wenn ich meine Krankheit für andere ertrage,
wenn ich sie bewusst in Solidarität
mit anderen auf mich nehme,
dann bekommt sie einen Sinn.
Dann fühle ich mich nicht wertlos.
Dann spüre ich in meiner Krankheit,
dass mir die Menschen nahe sind,
dass ich sie in meinen Schmerzen körperlich spüre.
Dann wird meine Krankheit Ausdruck meiner Liebe.
Es hat eine Auswirkung auf andere,
wie ich meine Krankheit annehme,
ob ich sie für andere trage
oder ob ich in Selbstmitleid versinke.

Krankheit erschüttert die bisherige Sicherheit.
Du weißt nicht, wohin dich deine Krankheit führt.
Du weißt nicht, wie sie ausgeht.
Vielleicht hast du Angst, dass du sterben musst.
Du sollst dich nicht aufgeben,
Du sollst gegen deine Krankheit kämpfen.
Aber gib dich in Gottes Hand.
Versuche, ganz zaghaft und leise,
zu beten, wie es Jesus getan hat:
„Vater, dein Wille geschehe!"
Du bist in Gottes guter Hand.
Er wird dich heilen, wenn es sein Wille ist,
wenn es für dich das Beste ist.
Und er wird dich durch die Krankheit führen
und ebenso durch den Tod hindurch.
Nichts kann dich seiner Liebe entreißen.

Ich wünsche dir Gelassenheit und Vertrauen,
damit du dich in deiner Krankheit
Gottes guter Hand anvertrauen kannst,
damit du dich fallen lässt
in Gottes liebende und zärtliche Hände,
damit du Gottes heilende und befreiende Nähe
in deiner Krankheit erfährst.
Ich wünsche dir, dass du dich gehalten weißt.
Du spürst, dass du selbst nichts machen kannst.

Du kannst dich nur fallen lassen
in Gottes gute Hände.
Du kannst nur deine Ohnmacht annehmen,
dich selbst nicht heilen zu können.
Aber deine Ohnmacht will dich auch befreien
von der Illusion der Macht,
die du sicher auch kennst.
Deine Ohnmacht ist nun dein Weg zu Gott.

Vielleicht hast du immer gemeint,
alles selber machen zu müssen.
Jetzt bist du hilflos.
Du kannst dir nicht selber helfen.
Andere müssen für dich sorgen.
Du bist auf ihre Hilfe angewiesen.
Ist das schlimm für dich?
Oder kannst du es dankbar genießen,
dass Menschen für dich sorgen,
dass sie dich lieben,
dass du für sie wichtig bist,
dass sie dir deine Wünsche
von den Augen ablesen?
Lass es zu,
dass andere dir helfen.
Das befreit dich von deinen Allmachtsgefühlen.
Das zeigt dir, dass wir alle
aufeinander angewiesen sind.

Die Krankheit schenkt dir Zeit.
Du hast Zeit zum Lesen,
Zeit zum Nachdenken.
Du kannst dein Leben überdenken.
Was macht dein Leben aus?
Besteht es in der Leistung,
in der Kraft, in der Gesundheit?
Was ist der Sinn deines Lebens?
Die Krankheit will dich zum Wesentlichen führen.
Es kommt nicht darauf an,
was du leistest
und wie du vor andern dastehst.
Es kommt allein darauf an,
dass du das einmalige Bild,
das Gott sich von dir gemacht hat,
in dieser Welt darstellst,
dass du auch in deiner Krankheit durchlässig bist
für Gottes milde Liebe.

In deiner Krankheit hast du auch Zeit zu beten.
Aber vielleicht kommt dir gar kein Gebet
über die Lippen.
Vielleicht ist dein Geist
so nach unten gezogen,
dass du nicht mehr beten kannst.
Du bäumst dich nur auf gegen dein Schicksal.
Du hast Recht, gegen deine Krankheit zu rebellieren.
Warum muss ausgerechnet dich diese Krankheit treffen?
Du darfst mit Gott rechten,
so wie Hiob gegen Gott rebelliert hat.
Aber vielleicht steht am Ende wie bei Hiob,
dass du Gott auf neue Weise erfährst,
und dass du vor Gott, dem ganz Anderen,
niederfällst und dich vor ihm
und seinem unbegreiflichen Geheimnis verneigst.
Das wünsche ich dir.

In der Krankheit vergeht dir
der Geschmack am Leben.
Alles schmeckt so fade.
Du hast keinen richtigen Appetit.
Du bist lustlos.
Wenn du diesen faden Geschmack deiner Krankheit
annimmst und ihn bewusst kostest,
dann erahnst du, was es heißt, gesund zu sein,
Leben zu genießen,
Geschmack am Leben zu haben,
Lust am Leben zu verspüren.
Dann wirst du auf neue Weise dankbar für die Zeit,
in der du gesund warst.
Und du kannst dich von neuem freuen auf die Gesundheit,
die in deiner Krankheit heranwächst.
Du wirst sie bewusster wahrnehmen und lieben.

Nütze die Zeit,
die dir die Krankheit schenkt.
Vielleicht erzwingt die Krankheit die Auszeit für dich,
die du dir selbst nie gegönnt hast.
Vielleicht war es Zeit, einmal Bilanz zu ziehen,
genauer hinzuspüren, wie es um dich steht.
Welche Ahnungen kommen in dir hoch,
wenn du nachts nicht schlafen kannst,
wenn du dich hin- und herwälzt?
Kämpfe nicht an gegen deine Schlaflosigkeit.
Vielleicht brauchst du das Wachsein,
um genauer hinzusehen,
was dich bisher geprägt hat,
was nun an Änderung und Verwandlung ansteht,
was Gott in dir erneuern möchte.

Wenn dein Geist
durch die Krankheit getrübt ist,
wenn du nicht mehr klar denken,
wenn du nicht mehr bewusst beten kannst,
dann versuche in deine Krankheit
Worte aus dem Psalm 23 hineinzusprechen:
„Der Herr ist mein Hirte, nichts wird mir fehlen."
Vielleicht rebellierst du gegen diese Worte.
Sie kommen dir zu fromm vor.
Aber versuche einmal, dich zu fragen:
„Wenn das stimmt, wie fühle ich mich dann?"
Vielleicht verwandelt dann so ein Wort
deine Krankheit, die Leere und das Trübe in dir.
Vielleicht kannst du dann auf einmal weitersprechen:
„Er führt mich zum Ruheplatz am Wasser.
Er leitet mich auf rechten Pfaden.
Muss ich auch wandern in finsterer Schlucht,
ich fürchte kein Unheil;
denn du bist bei mir" (Psalm 23,2-4).

Du kennst nicht den eigentlichen Grund
für deine Krankheit.
Du weißt nicht, wohin sie führt.
Vielleicht stehst du vor einer Operation
und hast Angst davor.
Die Narkose beunruhigt dich,
dich einfach dem Arzt zu überlassen
fällt dir schwer.
Du malst dir aus,
was alles geschehen könnte.
Ich verstehe deine Grübeleien.
Aber sie führen dich nicht weiter.
Überlass dich und deine Ängste Gott.
Du musst deine Angst nicht überwinden.
Halte sie einfach Gott hin,
damit er dich in deiner Angst beschützt,
damit er deine Angst in Vertrauen
verwandelt.

Die Krankheit löst in dir
Gedanken an den Tod aus.
Du hast keine Gewissheit,
dass du die Krankheit überlebst.
Und irgendwann wird dich und mich
eine Krankheit zum Tod führen.
Der Gedanke an den Tod soll dich nicht schrecken.
Du bist auch im Tod in Gottes Hand.
Es gibt in dir etwas,
das nicht sterben kann.
Du wirst im Tod Gott selbst begegnen
in seiner unbeschreiblichen Liebe.
Die Liebe, die du mit Menschen teilst,
wird im Tod nicht zunichte werden.
Liebe ist stärker als der Tod.
Liebe wird im Tod vollendet.

Der Gedanke an den Tod will dich lehren,
jeden Augenblick auszukosten,
zu spüren, was Leben heißt,
bewusst jeden Atemzug zu fühlen
und im Atem Gottes Liebe,
die dich durchdringt.
Der Tod will dir das Geheimnis des Lebens
auf neue Weise erschließen,
damit du jede Begegnung bewusst wahrnimmst,
damit du dankbar die Zeit genießt,
die Gott dir schenkt.
Welche Spur möchtest du eingraben
n diese Welt?
Was möchtest du den Menschen noch sagen,
was du noch nie gesagt hast?
Was möchtest du als deine Botschaft formulieren,
als dein Testament, das du den Deinen
als dein Vermächtnis hinterlässt?

Ich möchte dir ein Gebet ans Krankenbett bringen,
damit du dich, wie Bonhoeffer es ausdrückt,
„von guten Mächten wunderbar geborgen" weißt.
Du kannst es für dich alleine beten:

„Barmherziger und guter Gott,
du allein durchschaust mein Herz.
Du weißt um meine Krankheit,
du kennst meine Sehnsucht nach Heilung,
meine Sehnsucht nach dem Leben.
Sende mir deine heiligen Engel,
dass sie mich behüten und bewahren.
Lass deinen heilenden Geist in meinen Leib dringen,
heile meine Krankheit,
verwandle sie in einen Weg des Lebens.
Nimm mir die Angst und die Unruhe
und lass mich in dir den wahren Frieden finden.
Stärke mich in meiner Krankheit,
dass ich durch sie hindurch
zu dir finde, dem Ziel meiner Sehnsucht. Amen."

Du kannst deine Besucher bitten,
dass sie über dir den Segen sprechen.
Bitte sie, dass sie dir dabei die Hände auflegen,
damit du Gottes schützende Hand über dir weißt.
Sie sollen dir im Segensgebet das wünschen,
was ihrem Herzen entströmt.
Oder sie können folgende Worte sprechen:

„Der Herr segne und behüte dich.
Er lasse sein Angesicht über dir leuchten
und schenke dir seinen Frieden.
Er erfülle dich mit seiner Liebe.
Er sei in dir als die Quelle, die nie versiegt.
Er sei unter dir als die Hand, die dich hält.
Er sei über dir als ein schützendes Dach,
das alles Bedrohliche von dir abhält.
Er sei in deiner Schwäche und in deiner Kraft,
in deiner Ohnmacht und in deiner Hoffnung.
Er sei mit dir, wohin dein Weg auch geht.

Er durchdringe dein Herz mit seiner
zärtlichen Liebe. Amen."

Postfach 80 06 69, 70506 Stuttgart
www.kreuzverlag.de
Gestaltung: Klaus Dempel
Fotos: Oswald Eckstein, Fellbach
Reproduktionen und Satz: Die Repro, Ludwigsburg
Druck und Bindung: Offizin Chr. Scheufele, Stuttgart
ISBN 978-3-7831-1710-3